Jacques **Nadeau** 2017

Cet ouvrage est dédié à Virginie et à Michel.

Conception graphique, traitement des photos et mise en pages : Bruno Lamoureux

*Catalogage avant publication de Bibliothèque et Archives nationales du Québec
et Bibliothèque et Archives Canada*

Nadeau, Jacques, 1953-
Jacques Nadeau 2017 : toute l'actualité québécoise en photos

ISBN 978-2-7621-4087-3

1. Québec (Province) — Ouvrages illustrés.
I. Loisel, Mélanie.   II. Blanchette, Josée, 1963-   .   III. Titre.

FC2912.N32 2017   971.40022'2   C2017-941961-7

Dépôt légal : 4ᵉ trimestre 2017
Bibliothèque et Archives nationales du Québec
© Groupe Fides inc., 2017

La maison d'édition reconnaît l'aide financière du gouvernement du Canada par l'entremise
du Fonds du livre du Canada pour ses activités d'édition. La maison d'édition remercie de leur
soutien financier le Conseil des arts du Canada et la Société de développement des entreprises
culturelles du Québec (SODEC). La maison d'édition bénéficie du Programme de crédit d'impôt
pour l'édition de livres du gouvernement du Québec, géré par la SODEC.

IMPRIMÉ AU CANADA EN NOVEMBRE 2017

Textes de **Mélanie Loisel**   Préface de **Josée Blanchette**

Jacques **Nadeau** 2017

Toute l'actualité québécoise en photos

FIDES

L'instinct de l'instant

Il est toujours là où ça flambe, où ça pète, où ça mouille et où le tissu social se déchire ou se raccommode. Je l'observe sur le terrain depuis plus d'une vingtaine d'années, carburant à l'instinct, aspiré par l'instant. Tel un félin dans la foule guettant sa proie, un clandestin, un cyclope qu'on repère grâce à son attirail de lentilles suspendues au cou, Nadeau approche ses sujets à pas feutrés.

Lorsqu'on observe bien les photographies de Jacques, on découvre un détail qui nous avait échappé, une intention, une émotion, parfois un éditorial. On l'a qualifié de cowboy urbain, d'homme qui mitraille plus vite que son ombre, mais on parle rarement de l'artiste. Sa sensibilité à fleur de peau fait qu'une photo de Nadeau nous interpelle immédiatement et porte invariablement la signature indélébile de son auteur.

Il lui a suffi d'une seconde pour capter la vérité du moment, attraper au lasso cet instant d'abandon où plus personne n'est sur ses gardes, où la pause se dépose, où l'authentique reprend ses droits.

Jacques Nadeau est un photojournaliste de peu de mots, mais d'une immense générosité dans le regard. Il nous permet à nous, les pantouflards, les myopes, les frileux ou les blasés, d'être avec lui au moment où tout se joue, où l'actualité passe à l'Histoire. Depuis 40 ans, il nous entraîne dans son sillage, happé par le présent et le feu sacré. Sans exagérer, il nous ouvre les yeux et ne s'économise jamais.

Jacques n'est pas un être de périphérie ; il plonge, devance, anticipe. Il n'est jamais là où les autres regardent. Vous lui pointez la lune, il photographie votre doigt. Ou votre sourire en demi-lune. Il peut faire de la composition, mais il chasse aussi la seconde où tous les éléments se mettent en place d'eux-mêmes. Voilà pour la magie de l'ordinaire, qui ne l'est jamais.

La photographie est l'art de la lumière et de l'angle. Et des contrastes. Ou du détail qui tue. Et au-delà de l'esthétique séduisante, l'émotion nous illumine le regard. Jacques Nadeau sait jouer avec toutes ces facettes sur le terrain, dans l'urgence de l'action, mais il est également capable de portraits tout à fait touchants, nous révélant des dimensions de l'humain qui échappent au quidam de base et même à l'observateur exercé.

En cela, comme un écrivain, Nadeau traduit, remarque, relate et inscrit ces moments de la vie publique dans la mémoire collective. Qu'il soit les deux pieds dans l'eau avec les inondés, en marche avec les migrants, au chevet d'un ami aux soins palliatifs, guettant Obama et Trudeau, se mesurant aux marionnettes géantes ou apostrophant des enfants pour badiner, Jacques a fait de sa passion un métier.

Témoin privilégié de l'événement, il prend des risques — pas souvent calculés — pour une photo. LA photo. Épris de liberté avant toute chose, Nadeau ne cultive ni son ego ni le mythe ; il est ailleurs, dans l'adrénaline du vrai. Des moins talentueux que lui s'enorgueilliraient du dixième de son prolifique travail.

Jacques et moi formons un duo professionnel au quotidien *Le Devoir*. C'est un privilège pour moi d'avoir pu l'observer travailler et d'avoir développé avec lui une connivence de «vieux couple», faite de silences entendus, de clins d'œil, de sourires complices.

Merci l'artiste !

Josée Blanchette
Montréal, septembre 2017

Avant-propos

L'année 2017 tire à sa fin avec son lot d'histoires, de controverses, de catastrophes naturelles, à travers lesquelles politiciens, dirigeants et artistes se sont retrouvés sous les feux de la rampe dans des moments parfois inattendus et bien souvent convenus.

On se souviendra notamment de cette fusillade dans une mosquée de Québec, et de cette vague de demandeurs d'asile déferlant en plein été, qui nous a forcés plus que jamais à nous questionner sur le «nous». Ou de cette série de manifestations où divers groupes de la société civile ont cherché à se faire entendre: les féministes dénonçant la culture du viol, les autochtones appelant à la réconciliation, la communauté noire se mobilisant dans la foulée du mouvement Black Lives Matter, les travailleurs de la construction revendiquant de meilleures conditions de travail, ou encore, les environnementalistes signalant les risques des projets de pipelines.

Le photographe aguerri du quotidien *Le Devoir* Jacques Nadeau a tout vu. Il a immortalisé ces grands événements qui ont suscité des débats parfois houleux. Pendant des jours, les pages des journaux ont été noircies d'opinions diverses, les ondes radio n'ont pas dérougi, des reportages télé

© Annik MH de Carufel

ont été partagés des dizaines de milliers de fois sur les médias sociaux, mais qu'en reste-t-il? L'actualité nous enivre sur le coup, mais très vite nous l'oublions, nous oublions.

C'est pourquoi *Jacques Nadeau 2017* nous fait revivre toute l'actualité québécoise en photos. Cet annuel a été conçu pour nous aider à prendre du recul, à nous accorder un moment de répit afin de revoir les images qui nous ont tant touchés et allumés pendant ces mois de frénésie. Un simple sourire, un regard inquiet ou un petit détail permettent quelquefois de saisir les progrès ou, tristement, de constater que rien n'a changé.

Chacune des photos, choisie minutieusement, suscite une prise de conscience non seulement sur le monde qui nous entoure, mais aussi sur ceux qui forment ce monde. Dans cette rétrospective annuelle, Jacques Nadeau se fait un devoir de nous montrer ces hommes et ces femmes trop souvent laissés dans l'ombre. C'est avec beaucoup d'humilité que ce maître de l'image nous force à les regarder dans toute leur fragilité. Il ose s'aventurer dans des sentiers plus sensibles pour nous présenter des sans-abri, des enfants autistes ou encore une religieuse en fin de vie. Au-delà des images, il y a aussi le choix éditorial de les disposer parfois de façon à nous provoquer, d'autres fois pour nous faire rire ou nous attendrir.

Homme de peu de mots, Jacques Nadeau critique et bouscule ainsi la pensée et l'ordre établis à travers ses photos, dont la plupart ont été prises au Québec, mais dont quelques-unes proviennent de ses voyages à l'étranger.

Quand mon ami Jacques m'a demandé d'écrire les textes de son recueil, j'ai senti un grand vertige m'envahir: qu'allais-je pouvoir ajouter à tout ce qui avait déjà été dit et entendu pendant cette année? Je me suis alors souvenue de son premier conseil: «Écris avec ton ventre, ta voix et ton cœur.» En regardant ses photos les unes après les autres, j'ai soudain eu l'impression que tous ces gens captés dans des moments de vérité étaient devant moi. J'ai eu envie de leur parler simplement, sans filtre ni prise de position.

Si j'avais eu la chance de les croiser, tout comme Jacques au cours de l'année, je n'aurais de toute façon pas été là pour les juger. Ce grand photographe du Québec m'a appris à rester ouverte, à être attentive et à oser déranger. Ce livre est une première pour nous et pour Jacques… déjà reparti afin d'immortaliser la prochaine année.

Mélanie Loisel

PAGE PRÉCÉDENTE

«Je suis content d'avoir réussi à capter ce moment où l'activiste transgenre Khloé Dubé semble littéralement danser de joie après que le maire Denis Coderre et le chef de police Philippe Pichet se soient excusés pour les torts causés à la communauté LGBTQ.»

CI-DESSOUS

Xavier Dolan et Anne Dorval lors du Gala Québec Cinéma, le 4 juin 2017. Le film *Juste la fin du monde* remporta le prix du meilleur film et de la meilleure réalisation.

Arrestation d'une Femen lors de la fin de semaine du Grand Prix automobile du Canada à Montréal.

PAGE SUIVANTE
Odile Tremblay, journaliste au *Devoir*.

Toi qui es dans un autre monde,

L'expérience que tu es en train de vivre est assez unique. Avec ces grosses lunettes, qui grâce à des technologies immersives te permettent d'entrer dans ce qu'on appelle la réalité virtuelle à 360 degrés, tu dois avoir l'impression d'être en ce moment dans un jeu de zombie, dans des montagnes russes, ou encore, en train de tourner le prochain *Star Wars*. Tu es pourtant au milieu d'une salle vide, et quand on te regarde, c'est un peu absurde; tu tournes sur toi-même ou tu sautes un peu partout alors qu'il n'y a absolument rien autour de toi. Nous en sommes rendus là, à visiter des musées de façon virtuelle plutôt qu'aller au Louvre, ou à découvrir les pyramides dans une chambre vide à Montréal. Avec toutes ces technologies, le virtuel se confond vraiment avec la réalité, au point d'en donner le vertige. Pour l'avoir essayé, j'étais troublée de ressentir la peur, la joie, l'étonnement dans ce monde inventé de toutes pièces. Mais rien ne pourra remplacer la véritable brise fraîche de l'automne, l'odeur du pain chaud le matin et le bonheur de se blottir contre l'autre. J'en suis convaincue: l'expérience humaine demeure la meilleure et la plus stimulante qui soit.

PAGE PRÉCÉDENTE

Ozier Elissance et son fils Bladimi, qui ont marché du Brésil à Montréal.

CI-DESSOUS

«Ce n'est pas tant le président d'Hydro-Québec, Éric Martel, qui m'intéresse dans cette photo, mais bien le fait qu'on y voit également les résultats annuels. Les chiffres se suffisent à eux-mêmes.»

«Qui n'a pas rêvé
d'avoir une maison
près de l'eau?»

Inondation à L'Île-Bizard.

Jean-François Lisée est élu chef du Parti québécois le 7 octobre 2016.

«Il y a des événements qui reviennent chaque année, comme la Saint-Jean. Le défi est d'innover et de trouver une nouvelle façon de les illustrer. Ce petit garçon qui émerge de la foule soudainement m'a charmé. Tout est là, la fierté, la jeunesse, les drapeaux. N'est-ce pas les grands emblèmes de la fête des Québécois?»

CI-DESSUS

« C'est un plaisir renouvelé de souligner la rentrée scolaire chaque mois d'août. Les enfants sont tellement expressifs, mais il y en a toujours un qui me marque plus que les autres, comme ce petit garçon au regard franc. »

Salut Guy!

Avec ton point d'interrogation à l'envers, pour le moins ostentatoire, on doit t'en poser des questions. Difficile de ne pas le remarquer, mais on se doute bien que tu as dû en avoir, toi aussi, des questionnements, avant de subir cette opération pour retirer le crabe de ta tête. Ton ami Jacques t'a suivi pendant ce combat contre ce cancer du cerveau. Il me racontait que tu avais affronté ce mal avec humour et que tu lui disais toujours: «Ne reste pas avec les malades quand t'es malade!» Il m'a confié que tu es évidemment très heureux d'être encore parmi les vivants, malgré cette cicatrice qui se mêle aux quelques cheveux blancs qu'il te reste. Tu la vois bien sûr chaque matin dans le miroir, de même que dans les yeux des passants, qui t'empêchent de l'oublier, mais cela te donne une raison de les aborder, d'aller leur parler, de leur faire un sourire et de leur dire: «Arrêtez de vous casser la tête pour rien!»

Le chef montréalais Antonin Mousseau-Rivard à la coopérative Bioma.

PAGE SUIVANTE, EN HAUT

Migrant qui arrive en taxi au poste frontalier de Saint-Bernard-de-Lacolle.

«Photographier les migrants qui traversent la frontière canadienne demande un juste équilibre.
Se faire arrêter, menotter, est une épreuve pour eux. Il faut être en mesure de montrer
ces circonstances exceptionnelles sans qu'ils perdent pour autant leur dignité.»

PAGE SUIVANTE, EN BAS

Tempête du mois de mars 2017.

PAGE PRÉCÉDENTE

Pow-wow à Kahnawake en juillet.

CI-DESSOUS

Rodéo urbain à Montréal dans le cadre des festivités du 375e.

«Ce n'est pas tous les jours qu'on a la chance d'assister à un rodéo, et encore moins en pleine ville. Je l'admets, je me suis fait plaisir à essayer de faire une prise spectaculaire! Il faut bien s'amuser de temps en temps.»

CI-DESSUS

Ouverture des magasins Cannabis
Culture, le 15 décembre 2016.

CI-CONTRE

Le «Prince du pot» Marc Emery
et sa conjointe Jodie lors de l'ouverture
de l'un de leurs magasins avenue
du Mont-Royal.

«Dans cette photo, je ne voulais pas tant
montrer des fumeurs de pot; je voulais
qu'on sente réellement le pot. En la
regardant, on perçoit l'odeur!»

24

Monsieur le Premier Ministre Trudeau,

Nous ne discuterons pas de politique ni de vos politiques. Il y a seulement une chose qui me turlupine l'esprit depuis que vous avez dit, en janvier dernier, que vous entamiez une tournée pour aller à la rencontre du «Canadien ordinaire». Je me demande toujours qui est «extraordinaire» si nous sommes «ordinaires». Est-ce l'élite qui serait «extraordinaire» à vos yeux? Qui sont d'ailleurs ces Canadiens ordinaires? Est-ce tous ces hommes et ces femmes qui, chaque matin, se lèvent pour aller travailler, pour prendre soin de leurs enfants, pour gagner leur vie et donner presque la moitié de leur salaire à l'impôt? Chaque jour, je trouve extraordinaires ces fermiers qui labourent nos champs, traient nos vaches ou cultivent nos légumes. J'ai la même impression en voyant ces médecins sauver des vies, ces infirmières calmer nos angoisses ou ces préposés aux bénéficiaires prendre soin de nos parents malades. Et que dire de ces enseignantes qui instruisent nos enfants, de ces ingénieurs qui construisent nos ponts ou de ces serveuses qui nous offrent du café à volonté? Je les trouve tous extraordinaires, tout comme ces mineurs qui déterrent le minerai pour construire des immeubles de Montréal à Shanghai, ou encore ces pilotes d'avion qui nous emmènent de Victoria à St. John's. Je n'ai jamais compris pourquoi il vous arrive d'appeler vos citoyens des «Canadiens ordinaires» parce qu'autour de moi, je ne vois que des gens extraordinaires qui font le pays qui vous a élu et que vous devez diriger, ne l'oubliez pas, en notre nom.

«On pourrait dire que c'est le plus beau baiser de la défaite. On voit Alexandre Cloutier entouré de sa famille à la suite de sa défaite à la course à la chefferie du Parti québécois.»

PAGE SUIVANTE

«Le Québec qu'on aime ou le Québec où l'on s'aime... C'est ce que j'aime!»

«Des milliers de personnes ont pris des photos des Géants à Montréal. Comme photographe professionnel, ce n'est pas évident d'en prendre une qui non seulement se différencie, mais qui est meilleure qu'un cliché pris à partir d'un cellulaire. La Géante photographiée dans toute sa grandeur, et surtout les cerisiers en fleurs, viennent ajouter une touche de couleurs inattendue.»

Marie-Josée Lord au pied du mont Royal lors d'un grand concert en plein air.

Mesdames,

Le 29 janvier 2017, vos vies ont basculé. Un jeune homme est entré dans une mosquée de Québec où six hommes ont été tués. Parmi les victimes, il y avait vos proches. La nouvelle vous a frappées de plein fouet. Vous, qui avez quitté la Guinée pour vivre dans un pays en paix, ne pouviez vous attendre à une telle tragédie. Il faisait froid, en plus, ce soir-là. Les rues de Québec étaient désertes en ce dimanche soir. Vos hommes étaient partis pour la prière du soir, mais ils ne sont jamais revenus. Dans ce pays où vous aviez mis tous vos espoirs, comment était-ce possible? Les mots nous manquaient pour expliquer ce drame insensé. Nous étions choqués, perturbés et attristés. Nous ne pourrons jamais enrayer votre douleur; on ne peut que s'unir pour prévenir et construire un avenir plus heureux pour vos enfants, ceux pour qui vos maris, vos frères ou amis étaient venus ici. On se doit de le faire pour vous et pour nous.

CI-DESSUS

Viviane Michel, présidente de la Fédération des femmes autochtones du Québec, consolant une femme après que le Directeur des poursuites criminelles et pénales ait annoncé n'avoir retenu aucune accusation contre les policiers mis en cause par des femmes autochtones de la région de Val-d'Or.

PAGE SUIVANTE

Yo-Yo Ma, lors du Festival Bach en décembre 2016, à la Maison symphonique de Montréal, qui, pour l'occasion, enregistra des records d'assistance.

Aux amis de Mme Cortacans,

En ce jour de janvier, vous avez bravé le froid à la mémoire de Concepción, qui n'avait que 62 ans quand elle a été happée mortellement. Femme en pleine forme, elle revenait d'ailleurs de faire son jogging lorsqu'un automobiliste l'a heurtée en passant sur un feu rouge sur l'avenue du Parc, tout juste en face du mont Royal. Un accident qui était « évitable » selon le rapport du coroner, et qui nous fait prendre conscience que nous ne sommes jamais assez vigilants et assez prudents. Dans ce monde effréné où tout va vite, l'histoire de votre amie nous rappelle qu'on aurait tous intérêt à ralentir, à respirer et à prendre le temps de s'arrêter pour réaliser que nos vies sont si fragiles et que tout peut basculer par un beau matin d'hiver.

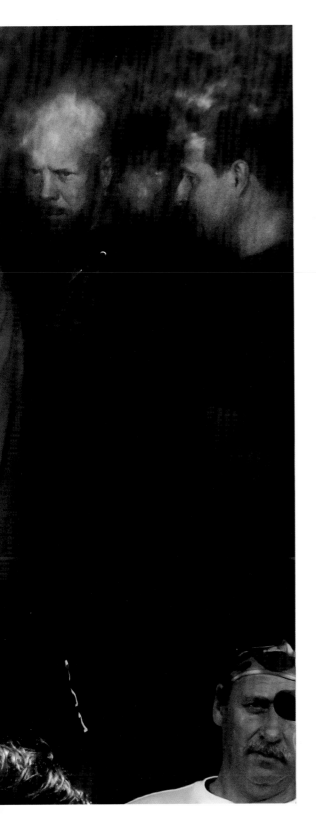

Événement festif sur la rue Saint-Denis pour le 375e de Montréal.

PAGE PRÉCÉDENTE

Grève de la construction au mois de mai.

«Quand on regarde bien, l'homme au milieu de la photo, à lui seul, n'est pas très impressionnant avec son t-shirt et sa carte accrochée au cou. Par contre, dans son ensemble, le groupe renvoie l'image de gars forts et déterminés. Je dirais même qu'avec l'effet de la fumée de cigarette, cette photo est intimidante.»

37

Le spectacle *Avudo*, hommage artistique au fleuve Saint-Laurent.

PAGE PRÉCÉDENTE

De jeunes enfants de la garderie LaSalle des petits.

Salut toi,

Lors du dernier défilé de la Fierté à Montréal, des milliers de personnes s'étaient rassemblées pour festoyer. On en a vu de tous les genres ! Il y a bien sûr encore certains préjugés coriaces à votre égard, mais la plupart du temps, vous pouvez être qui vous êtes, n'importe quand, n'importe où. Ailleurs sur la planète, vous savez que c'est loin d'être le cas. Les homosexuels, hommes ou femmes, sont humiliés, persécutés, battus et torturés. En vous voyant cet été, alors que tous les politiciens participaient à votre défilé, je n'en revenais pas de constater à quel point la communauté LGBTQ est privilégiée au Québec. Ça fera bientôt 50 ans que vous pouvez être ce que vous êtes sans risquer d'être arrêtés et criminalisés. Quel avancement depuis 1969 ! Vous êtes et nous sommes chanceux de vivre ici.

PAGE SUIVANTE

La Parade Phénoménale, un événement citoyen et extravagant sur le viaduc Van Horne, dans le cadre des célébrations du 375e de Montréal.

«Ce qui est extraordinaire avec la photo, c'est qu'une simple image exprime parfois tout.
Par un simple geste, cet intervenant de Chez Pops transmet de la force et du courage.»

Rencontre entre Justin Trudeau et Philippe Couillard.

L'incontournable Tour de l'île de Montréal.

PAGE SUIVANTE

Les autochtones prennent part au défilé de la Fierté.

Manifestation contre la compagnie pétrolière Enbridge.

PAGE PRÉCÉDENTE

Gloria livrant un témoignage sur sa situation lors d'une conférence de presse organisée par des groupes de défense des sans-papiers, le 20 février.

Très chère Janette,

Nous sommes si nombreux à vouloir vous étreindre, ne serait-ce que quelques secondes comme Guy A. Lepage, pour vous remercier d'avoir osé aborder les plus grands tabous de notre société. Comme bien des petites filles, j'ai souvenir de m'être installée dans le salon les vendredis avec ma mère pour regarder *Parler pour parler* ou *L'Amour avec un grand A* pendant que les gars étaient partis au hockey. Je ne comprenais pas tout à l'époque, mais avec le temps, j'ai pris conscience de l'effet que vos émissions avaient eu dans ma vie et dans celle de plusieurs générations d'hommes et de femmes. Vos explications sur les relations de couple, la famille, la sexualité, sont entrées dans les plus lointaines chaumières du Québec. Tant de parents se sont sentis soudainement moins seuls d'avoir un enfant homosexuel. Tant de femmes et d'hommes ont déculpabilisé d'avoir vécu une aventure extraconjugale ou d'avoir eu des fantasmes non conventionnels. Nous avons aussi tous pu mieux comprendre un voisin plus excentrique, ou encore, pu venir en aide à une voisine violentée. Vous avez beaucoup fait pour que nous nous acceptions mieux individuellement et, par le fait même, collectivement.

Ken Nagano et l'Orchestre symphonique de Montréal, sous les animations du studio Moment Factory.

«Armand Vaillancourt
rendant hommage à Léonard
Cohen... Il y a de ces
moments qu'il ne faut pas
manquer. Il faut seulement
être là. Je reste souvent des
heures à attendre au même
endroit. Des fois, je ne sais
pas ce que j'attends, mais
j'attends.»

«Montréal est une ville
animée toute l'année. Je
ne peux couvrir tous les
événements, mais j'aime
m'arrêter quand j'ai du
temps pour regarder des
spectacles de rue. Comme je
trimballe toujours mes deux
appareils photo, je ne peux
m'empêcher de prendre
quelques clichés par plaisir.
Le contraste entre la nature
et les prouesses donne ici un
côté très poétique.»

PAGE SUIVANTE

Les cheminées du Saguenay.

CI-DESSOUS

«L'élection de Donald Trump a suscité un mélange d'émotions ici comme ailleurs. L'inimaginable qui s'est produit a causé colère, désespoir et incompréhension...»

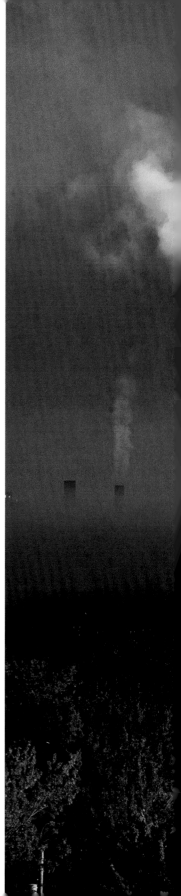

Festival haïtien sur l'île Sainte-Hélène.

«Avoir l'œil, c'est remarquer toutes ces petites choses du quotidien qui nous font sourire et qui ne passent qu'une seule fois. Il faut réagir vite, sinon c'est trop tard.»

«Je n'apprendrai rien à personne. Le premier ministre Justin Trudeau aime les caméras. Il est photogénique, séduisant, et les gens l'adorent réellement. Même si on le voulait, on aurait de la difficulté à le faire mal paraître.»

Chère Madame Gladu, Nicole, si vous préférez,

Depuis plus de vingt ans, votre corps vous abandonne tranquillement. «Mon corps est comme un spaghetti», vous ai-je déjà entendu dire en raison de votre maladie dégénérative, le syndrome post-poliomyélite, qui vous a rendue rien de moins qu'invalide. Je ne peux qu'imaginer l'immense douleur que vous avez dû ressentir lorsque vous avez entendu votre diagnostic pour la première fois. Votre vie n'a pas été celle dont vous aviez rêvé et vous aimeriez bien maintenant que votre mort soit telle que vous le souhaitez. Avec Jean Truchon, atteint de paralysie cérébrale, vous avez décidé de vous battre pour avoir recours à l'aide médicale à mourir, même si vous n'êtes pas théoriquement en fin de vie. Vous avez décidé de contester la constitutionnalité des lois canadiennes et québécoises pour pouvoir au moins mourir dans la dignité. Ce qui est troublant dans votre histoire, c'est que vous consacrez maintenant votre vie à pouvoir mourir.

« Il y a parfois des moments qui sont trop réels pour être vrais. Lorsqu'ils arrivent, il ne faut pas réfléchir. C'est maintenant ou jamais. »

«La montée de la droite au Québec nous a fait découvrir La Meute. Montrer les membres de cette organisation tels qu'ils sont suffisait pour faire comprendre le tollé de réactions qu'ils ont suscité.»

«Le décor était parfait. Je pourrais vous dire que cette photo était facile à faire, mais il fallait quand même capter la ministre Mélanie Jolie en train de poser le bon geste au bon moment. Je suis resté aux aguets durant toute la conférence pour arriver à cette image.»

PAGE PRÉCÉDENTE

«Lil' Ed est pleinement épris de musique. On n'en doute pas un instant en regardant cette image où on le voit sourire, c'est le cas de le dire, à pleines dents.»

PAGE SUIVANTE

« J'ai été soufflé en voyant Shayne Falling dans la rue. Je lui ai demandé si je pouvais le photographier. Sur le coup, on remarque surtout ses tatouages, mais regardez ses yeux. »

CI-DESSOUS

Personnage du défilé de la Saint-Jean-Baptiste, en hommage aux oiseaux de Riopelle.

À toi, Jocelyne Dallaire, qui me confiais:
«Ensemble, nous avons très peu existé, sauf pendant nos neuf mois de véritable cohabitation.
Nous vivions séparées l'une de l'autre. Ma mère travaillait, elle a donné naissance à ma sœur et à
mes frères, et mon père prenait beaucoup de place... Si bien que maman et moi étions ensemble
comme dans les limbes. Cette photographie de Jacques m'a permis de voir ce que je n'avais
jamais vu avant: nous étions, nous sommes, mère et fille. Pour de vrai. Et même si le cancer
a pris un sein à chacune de nous, nous sommes là, ensemble. Ce jour-là, la lumière
a réécrit mon histoire grâce au regard que Jacques a posé sur nous.»

CI-DESSUS

Margie Gillis

CI-CONTRE

«On ne montre pas toujours Manon Massé sous son meilleur jour. On oublie malheureusement que c'est une vraie battante et qu'elle a remporté de belles victoires cette dernière année en devenant la co-porte-parole de Québec solidaire et en préservant sa circonscription de Sainte-Marie–Saint-Jacques. Il faut avoir l'honnêteté de la montrer aussi dans ses réussites!»

Des enfants vivant à Outremont.

PAGE SUIVANTE

«C'est la classique photo d'hiver de voir quelqu'un glisser. Que voulez-vous, elle est incontournable et elle dit tout!»

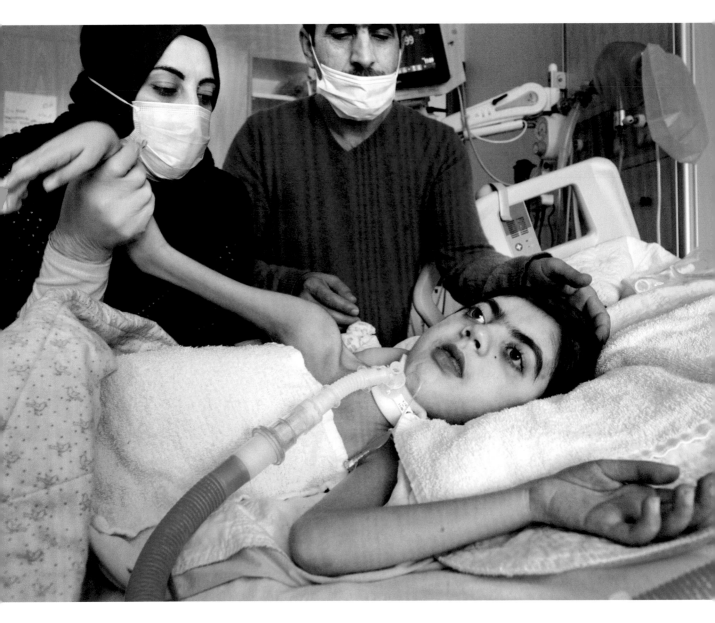

Famille syrienne récemment arrivée au Québec. Le petit Kerem souffre d'une grave maladie.

«Il y a des jours que certains couples voudraient oublier. Mêlé à une histoire de scandale sexuel, le député Gerry Sklavounos avait la mine basse lors de sa conférence de presse, tout comme sa femme, qui était à ses côtés. Le fait de la mettre en avant-plan permettait de mieux comprendre son malaise, mais aussi sa tristesse, dans cette situation qui n'a laissé personne indifférent...»

Recueillement à la suite de l'attentat à la mosquée de Québec.

Les garçons,

Qu'étiez-vous en train de lire avant qu'on vous dérange? Ça fait tellement plaisir de vous voir avec ces bandes dessinées et ces mangas. On n'arrête pas de dire que les jeunes lisent moins; les garçons de surcroît. Dans votre nouvelle école, bâtie à neuf, on espère que ce nouvel environnement vous donnera d'abord envie d'y aller, et puis facilitera votre apprentissage. Je ne sais pas si de nouveaux murs changeront vraiment quelque chose pour vous, mais je suis convaincue que les livres feront assurément une différence. Tintin m'a fait voir le monde, Malfada a répondu à mes questions, Astérix m'a fait aimer l'histoire, même Archie m'a fait comprendre les relations humaines... Je sais que tous ces personnages ont moins la cote maintenant, mais ceux qui vous attirent, ceux qui vous émerveillent, ont quelque chose à vous apprendre. Peu importe ce que vous lisez, les garçons, lisez. Dans les bandes dessinées ou les livres, on apprend tout le temps, beaucoup plus qu'on ne le réalise, et ça change une vie.

PAGE SUIVANTE
Pow-wow à Kahnawake en juillet.

CI-DESSUS

Noël à la place Émilie-Gamelin.

CI-CONTRE

Citrouille géante au marché
Jean-Talon de Montréal.

«Paul Piché a célébré ses 40 ans de carrière cette année. Je voulais le montrer avec l'œil allumé pour faire sentir qu'il est encore bien parmi nous.»

«Le ministre des Finances, Carlos Leitao, a l'air au-dessus de la mêlée dans cette photo. S'il avait eu un autre regard, on aurait pu avoir l'impression qu'il nous regardait de haut. Le moindre jeu des yeux peut changer toute la symbolique d'une photo.»

PAGE SUIVANTE

Migrantes haïtiennes au poste frontalier de Saint-Bernard-de-Lacolle.

PAGE PRÉCÉDENTE

Inondation printanière au Québec.

CI-DESSOUS

Coup de cœur personnel du photographe. Photo prise au Sri Lanka.

« J'ai pris des dizaines de photos de l'élection de Jean-François Lisée à la tête du Parti québécois. C'est toujours difficile de n'en choisir qu'une seule, mais celle-ci le montre comme le chef attendu. C'était le moment qu'il espérait depuis longtemps, lui qui a été si longtemps dans l'ombre de Parizeau et des autres. »

PAGE SUIVANTE

Justin Trudeau lors du festival de la Fierté à Montréal.

Madame,

En ce jour d'hiver, la mosquée que vous fréquentiez a été vandalisée. Cet acte de haine est condamnable et intolérable dans notre société. Comme vous devez vous en rendre compte, il y a une montée de l'islamophobie au pays. J'aimerais un jour que vous m'invitiez à prendre un thé chez vous. À la maison, vous pourriez enlever votre niqab devant moi et on pourrait discuter entre femmes. Pour avoir vécu dans un pays musulman, je suis persuadée que vous me recevriez en grand. Vous m'offririez des gâteaux et des pistaches. On aurait sans aucun doute du plaisir et on parlerait même des hommes dans leur dos! Je souhaiterais qu'on puisse se rencontrer face à face sans ce voile qui suscite un malaise et beaucoup d'incompréhension, voire de vives réactions. Si l'on doit vivre dans le même pays, je me dis qu'il va falloir qu'on se parle pour se comprendre et ainsi éviter d'autres événements violents. Que diriez-vous qu'on commence par se rencontrer pour que vous m'expliquiez votre réalité? Après, on verra... Autrement, j'ai bien peur que l'on n'y arrive pas. Je sais, Madame, qu'on a beaucoup plus en commun qu'il n'y paraît.

PAGE PRÉCÉDENTE
Marie-Mai lors du premier spectacle pour souligner la Semaine de la Fierté.

«Cette photo est un concept. J'ai mis l'accent sur l'homme en orange devant la pancarte "Rue barrée".
Vous l'avez deviné: j'ai voulu faire un clin d'œil aux fameux cônes orange à Montréal.»

PAGE SUIVANTE

L'œuvre *Urbanukshuk* par le bédéiste, réalisateur et scénariste français El Diablo en hommage à l'art inuit et aux cônes orange.

85

Hommage silencieux à la mémoire de Clément Ouimet, un jeune cycliste de 18 ans happé mortellement par un automobiliste sur la voie Camillien-Houde du mont Royal.

Georges remercie Dieu d'avoir été relativement clément avec lui lors des inondations printanières.

«Ce n'est jamais évident d'arriver sur les lieux d'une catastrophe naturelle. Les sinistrés sont à fleur de peau. Dans le cas des inondations, j'ai cherché à saisir à la fois cette exaspération et cette fierté dans l'adversité.»

PAGE SUIVANTE
Scène d'hiver à Outremont.

CI-CONTRE

Michelle Audette,
autochtone et femme politique.

Mon petit,

Tu devais bien te demander où tu étais quand tu es arrivé ici. Tes parents t'ont sûrement dit que tu partais au Canada, la terre de tous leurs espoirs, là où ils pourraient te bâtir un avenir légalement. Or, la bureaucratie ne fonctionne pas tout à fait comme ça. Tu es arrivé dans ce nouveau pays où tu as passé des heures à attendre dans des tentes avant d'être transporté jusqu'à Montréal. Quand je te regarde, je me demande bien ce qui se passe dans ta tête d'enfant. Tu as l'air plus fatigué qu'excité d'être ici. Tu ne le sais pas encore, mais ta venue n'est pas souhaitée par tous. Tes parents seront peut-être accueillis officiellement comme réfugiés, sinon tu devras reprendre la route de l'exil. Quoi qu'il advienne, sache, mon petit, que si tu restes ici, la vie ne sera peut-être pas facile, mais d'immenses possibilités s'ouvriront à toi, et jusqu'à preuve du contraire, tu y trouveras la paix et la sécurité. Donne-toi une chance et donne-nous une chance.

Christina Yaziji, une enfant syrienne dans un centre de dépannage alimentaire.

«Les enfants m'ont toujours fait craquer. Ils nous regardent souvent intensément, comme s'ils nous disaient: "Tu fais quoi, là?"
Cette petite ne s'en laissait pas imposer. Elle n'était pas intimidée, mais elle conservait sa belle candeur avec sa poupée.»

«Il faut parfois se mettre dans la peau de ceux que l'on photographie pour choisir le bon cliché. Le champion de la Coupe Rogers, Alexander Zverev, venait de battre le grand favori. Ses yeux étaient pétillants. Il semblait dans une sorte d'état de grâce, et simplement heureux.»

P. K. Subban signant des autographes au CUSM.

«Qui ne connaît pas François Saillant dans le milieu communautaire? Je l'ai croisé des centaines de fois lors de ses sorties avec le FRAPRU pour le droit au logement. Ce militant infatigable a pris sa retraite cette année. Il va me manquer en tant que photographe, mais pas autant qu'à tous ces gens qu'il aidait et à qui il décochait un sourire.»

PAGE SUIVANTE

«Je suis allé dans une grande tour du côté de Longueuil pour avoir une vue imprenable du pont Jacques-Cartier lors de l'inauguration de son illumination. Je le voulais dans son entièreté, et avec les feux d'artifice, je ne pouvais espérer mieux.»

«Je ne cours pas très souvent les faits divers, mais certains sont incontournables. Ce feu sur l'avenue du Parc à Montréal était impressionnant; même la photo semble avoir été prise dans un autre monde, hors du temps.»

PAGE PRÉCÉDENTE

«Les carnavals sont toujours colorés, éclatants, et la plupart d'entre nous auraient le goût de tout photographier lors de ces événements. Personnellement, je ne cherche jamais à immortaliser un spectacle, mais bien à faire ressortir une image qui dit tout. Un clin d'œil, un sourire, un détail révélateur... Simple à dire, mais pas si simple à faire.»

«Qu'ils soient petits ou grands, j'aime photographier les artistes en pleine création. Ce n'est pas tant le résultat qui compte, mais bien ce qu'ils dégagent.»

Monsieur Vigneault,

En cette année où nous célébrons les 40 ans de la Charte de la langue française, vous devez trouver que cette langue qu'on a tant voulu protéger est de plus en plus massacrée et maltraitée, à mon grand dam. Je me suis fait plaisir à réécouter vos grands succès, qui m'ont permis de faire une belle traversée au gré de notre histoire. Je suis devenue nostalgique d'une époque que je n'ai même pas connue. Vous avez su immortaliser un Québec d'antan. En vous écoutant, j'ai senti la mer salée, ressenti l'humidité de la terre, défriché le potager, et je me suis arrêtée au pied de votre chêne. J'ai vu les marins arriver au quai et les ouvriers rentrer de leur journée, j'ai entendu les rires d'enfants accourant dans les champs! Monsieur Vigneault, les expressions de Jos Montferrand et de Jack Monoloy s'empreignent encore en nous comme si le temps avait été figé. On ressent l'amour, l'ennui, les chagrins, les hivers sans fin, mais également la joie du retour du printemps et des cris des outardes. Si seulement les gens de mon pays prenaient le temps de redécouvrir votre prose, votre langue, qui est la nôtre. Elle est d'une grande simplicité, mais d'une richesse infinie. J'y ai redécouvert son cœur. Tam di de lam!

«Deux grands, deux géants du Québec, Robert Charlebois et Claude Dubois réunis. Tout ce que j'ai cherché à faire, c'est d'immortaliser ce moment, mais surtout leur complicité.»

Dany Laferrière.

«Cette jeune femme, Caroline, a probablement été ma rencontre de l'année. Habituellement dans un fauteuil roulant, elle m'a dit : "Éloigne-toi, je vais te montrer que je peux aussi marcher." J'ai immortalisé ses pas, mais surtout sa force et sa détermination. »

«Quand on sait que la population est en colère contre un dirigeant, on ne peut en faire abstraction lorsqu'on se retrouve devant lui.
C'est le regard, le sourire, la posture, qui donnent ici un aperçu de l'état d'esprit du grand patron de Bombardier, Pierre Beaudoin.»

« J'ai toujours eu une affection particulière pour les plus démunis, les laissés-pour-compte et les marginaux de notre société. Je les remarque. Je leur parle. Je n'aime pas montrer leur misère, même si on la voit. Tout le monde mérite d'être montré sous son plus beau jour dans de telles situations. »

Philippe Pichet, chef du SPVM.

«L'homme qui apprivoise la bête. Elle n'a pas l'air de trop s'en plaindre. Les animaux ont aussi leurs états d'âme et c'est un art de savoir les capter.»

PAGE SUIVANTE

«Il y a parfois de grands moments de complicité dans la vie d'un photographe.
En témoigne cette photo où l'homme, en m'apercevant, n'a pas hésité à me faire
la grimace et à me saluer.»

CI-DESSOUS

André Leclerc, PDG de l'Office des personnes handicapées du Québec, montre sa frustration
de ne pouvoir accéder à certains commerces.

Myriam, participant à un programme de formation de La Tablée des Chefs, organisme dont la mission est
de nourrir des personnes dans le besoin et de développer l'éducation culinaire des jeunes.

«Quoi demander de plus en voyant ces jeunes pleins de vitalité qui suivent des cours de cuisine?
Leur authenticité ressort, et c'est tout ce dont j'ai besoin.»

Monsieur le Premier Ministre Couillard,

À nous écouter, nous dirigerions tous le Québec mieux que vous. Tout le monde aurait un médecin de famille. On n'attendrait jamais aux urgences et les personnes dans les CHSLD auraient droit à plus d'un bain par semaine. Nous investirions davantage dans nos écoles pour enlever la moisissure et créer des environnements plus verts et technologiques. Les enseignants auraient moins d'élèves dans leurs classes, les enfants en difficulté auraient plus de services et les professeurs d'université plus de temps de recherche. Les parents seraient aussi plus heureux s'il y avait davantage de CPE. Nous accorderions aussi plus d'aide financière aux nouvelles entreprises et nous arrêterions de subventionner Bombardier. Ainsi, nous serions en mesure de créer plus d'emplois. Bien sûr, nous donnerions plus aux artistes pour leur permettre d'avoir le temps de créer, et aux bénéficiaires d'aide sociale pour qu'ils puissent vivre dans la dignité. Les agriculteurs ne seraient pas en reste pour assurer leur productivité et nous trouverions le moyen de mieux protéger nos caribous et nos bélugas. À cela, nous trouverions des fonds pour améliorer nos ponts, nos viaducs et nos transports en commun. En fin de compte, nous aurions de l'argent pour tout et nous réduirions la dette pour les générations futures. Dans nos salons, il est si facile de trouver des solutions pour améliorer l'état du Québec, mais dans la réalité, vous savez mieux que nous qu'il en est autrement. Malgré toutes les critiques que votre gouvernement essuie quotidiennement, nous ne vous demandons pas de faire des miracles, mais d'œuvrer, je me permets de vous le rappeler, au bien commun dans l'intérêt de l'ensemble des Québécois. Il ne faut jamais l'oublier.

CI-DESSUS

Ambiance de travail festive dans les studios de Moment Factory.

À DROITE

La course à l'emploi.

PAGE PRÉCÉDENTE

« J'avais remarqué l'arceau du panier de basketball, qui donnait au ministre de l'Éducation Sébastien Proulx des airs angéliques. Quand le conseiller municipal François Croteau a rassemblé ses mains comme s'il priait, c'était trop beau pour être vrai ! »

Burhan Özbilici, gagnant du World Press Photo 2017.

PAGE SUIVANTE

Gabriel Nadeau-Dubois, élu porte-parole de Québec solidaire le 29 mai.

«Je suis Gabriel Nadeau-Dubois depuis le début de la crise étudiante en 2012. À ses heures de militantisme, il était déjà un jeune homme déterminé qui semblait inébranlable dans ses convictions. Je l'ai vu se transformer en politicien plus sérieux.»

Michel Pimparé, ci-dessus, et Luc Guérard,
page suivante, deux artistes pour qui les temps
sont durs, même s'ils œuvrent depuis 50 ans.

Messieurs,
Je voulais juste vous dire qu'on a besoin de vous. On a
besoin de votre art, de votre esprit allumé, de votre vision
atypique et éclectique. On ne vous comprend peut-être
pas toujours, mais sans vous, le monde serait bien trop
gris, bien trop fade. Déjà qu'il est loin d'être rose,
continuez de mettre de la couleur dans nos vies.
On en a bien besoin par les temps qui courent.

PAGE PRÉCÉDENTE

Les frères et sœurs de Saint-Jean.

« Je dois le reconnaître, j'ai toujours eu plaisir à photographier les religieux au Québec, peut-être parce qu'on les a mis de côté, comme si on ne voulait plus les voir. Mais ils sont encore présents, et les oublier, ne pas les photographier, ce serait comme effacer une page de notre histoire. »

CI-DESSOUS

Le chef d'orchestre Simon Leclerc lors de l'un des concerts de *Montréal symphonique*. Sur sa veste, un dessin de Zilon.

Mon amie Kim,

Il faisait si froid lorsque tu es arrivée en plein mois de février pour donner une conférence au Musée des beaux-arts de Montréal. Ton corps brûlé au napalm, alors que tu n'avais que neuf ans, était complètement transi. Quarante-cinq ans sont pourtant passés depuis ce jour fatidique où une bombe a été larguée dans ton village du Vietnam du Sud. L'image de cette petite fille nue hurlant de douleur a fait le tour du monde et te suit encore aujourd'hui. On ne fait pas toujours le lien entre toi et cette petite fille sur la célèbre photo de la guerre du Vietnam. Bien sûr, tu as grandi, tu as même vieilli, mais tes cicatrices sont toujours aussi douloureuses malgré les nombreux traitements subis. Lorsqu'on se voit, je demeure frappée par ta résilience, mais aussi par la patience avec laquelle tu racontes encore et encore ton histoire. Chaque fois, tu me rappelles que ta photo sert mainte-nant à promouvoir la paix et à garder en mémoire les conséquences de la guerre. Tu t'empresses toujours de rajouter que les trois choses les plus importantes dans la vie sont le pardon, l'amour et l'espoir.

PAGE SUIVANTE

Le petit Bladimi, un réfugié haïtien.

118

Fred Pellerin qui reçoit un trophée lors du gala des Gémeaux.

«Cette photo met en valeur le reflet parfait. On ne peut prévoir ce type de résultat, mais il faut quand même avoir l'idée sur le coup!»

PAGE PRÉCÉDENTE

La parade Brésil en fête lors du Festival international Nuits d'Afrique.

«J'ai couvert plus d'une manifestation dans ma vie. Elles ne sont pas toutes animées, mais parfois, la cause est importante et les messages sur les pancartes sont très parlants. On n'a pas besoin de plus pour comprendre.»

PAGE SUIVANTE

«Avec son doigt en l'air, le PDG de la Caisse de dépôt et placement du Québec, Michael Sabia, a des allures professorales. En tout cas, il a certainement quelques leçons à nous donner en ce qui concerne la gestion du bas de laine des Québécois.»

Marly Fontaine, une jeune autochtone qui s'est fait tatouer son numéro d'identification.

PAGE PRÉCÉDENTE
Jennifer, lors d'une manifestation pour le droit au logement.

CI-DESSUS

Festival Haïti en folie.

CI-CONTRE

375 danseurs réunis pour
le Super Méga Continental.

« La prouesse en soi est
impressionnante à voir, mais
encore faut-il être capable
de la montrer et de capter
la force du danseur. »

«De cette photo émane un sentiment de bien-être. À travers la danse, Thomas a trouvé un moyen de s'exprimer malgré son handicap. Il est beau, il a l'air bien, et en prime il dégage une certaine tendresse. C'est tellement rare de nos jours.»

À toi qui viens d'arriver,

J'ai eu envie de te parler de mon chez-moi; celui qui me fait vibrer. Ici, on vit au rythme des saisons; celle de la pluie qui nous a fait vivre les pires inondations cette année. Habitue-toi, on parle toujours de météo au Québec! On aime se plaindre de la neige, mais aussi des cônes orange et de nos politiciens qui en font toujours trop peu trop tard. Ces désagréments t'apparaîtront peut-être comme de bien petits problèmes quand tu verras toutes les occasions que nous avons de festoyer. Nos étés se transforment en festival des festivals. Si le moindrement tu es curieux, tu découvriras tout un monde de couleurs, de saveurs et de sonorités. Et dès que tu pourras, sors de la ville! Tu verras notre fleuve majestueux, nos champs dorés à perte de vue, et tu n'en reviendras pas de nos montagnes colorées à l'automne. Tu pourras respirer. Tu goûteras enfin à cette liberté tant recherchée, celle qui est si précieuse et jamais acquise. Aide-nous à la protéger et tu verras, tu seras bien chez moi, ton nouveau chez-toi.

Migrant au poste frontalier de Saint-Bernard-de-Lacolle.

Centre de distribution de chèques pour les migrants dans un édifice de Montréal.

CI-DESSUS

Exposition Chagall au Musée des beaux-arts de Montréal.

CI-CONTRE

«Les pow-wow me demandent de plus en plus d'user de mon imagination pour me démarquer. Bien qu'on ait vu souvent des autochtones avec leurs habits traditionnels, on s'arrête rarement aux détails de ceux-ci, qui font vraiment toute une différence.»

Kent Nagano lors d'un concert au bénéfice des sinistrés des inondations.

PAGE PRÉCÉDENTE

Réconfort à la suite de
l'attentat de Québec.

CI-DESSUS

Atteint de sclérose en
plaques, Michel Pépin reçoit
de l'aide d'une infirmière.

CI-CONTRE

Laurent Duvernay-Tardif
avec son gérant.

133

« Il fallait voir les demandeurs d'asile qui sont arrivés au poste de Lacolle cet été pour comprendre que ces hommes et ces femmes avaient fait un choix difficile en décidant de fouler le sol canadien sans savoir ce qui les attendait. Dans leur visage, il y avait de l'incertitude, de l'inquiétude, de la fatigue, mais tous étaient prêts à courir le risque pour leurs enfants. »

Lucie Pagé et Josée Blanchette lors d'un entretien sur le cannabis.

« Il y a des manifestations à prendre au sérieux et d'autres où il est permis de s'amuser un peu plus, comme celle-ci, qui visait à promouvoir les aliments bio. Les jeunes filles avaient du plaisir ; pourquoi s'en priver et essayer de faire autrement ? »

« Le 375e de Montréal a donné lieu à des spectacles magiques. Celui intitulé *Place des anges* à la Place des arts était féerique, et c'est simplement cette ambiance que j'ai cherché à reproduire. »

CI-DESSOUS

Mark Landry, un itinérant qui se tient à la station de métro Joliette et qui s'était fait voler son violon. L'Orchestre Métropolitain et la Maison du violon se sont empressés de lui en offrir un nouveau.

Monsieur Coutu,

Votre entreprise est vraiment plus qu'un joyau au Québec, même si vous venez de la vendre après des années de labeur. Non seulement vous avez créé des milliers d'emplois et ouvert des pharmacies dans les moindres régions, mais votre nom fait maintenant partie de notre quotidien et de notre langage. Il est là, votre grand accomplissement. Vous devez avoir un sourire en coin quand vous nous entendez dire « Je m'en vais au Jean Coutu ». Le moins que l'on puisse dire, c'est que vous avez été un grand visionnaire, un bâtisseur et un exemple d'entreprenariat, malgré les moins bons coups dans votre carrière. Se lancer en affaires fait peur, mais vous avez ouvert les portes aux générations à venir en nous montrant qu'il est possible de réussir quand nous créons des entreprises à notre image.

CI-DESSUS

Un organisme d'entraide lors
de la période des fêtes.

CI-CONTRE

Rassemblement pour la protection
du français à Montréal.

Le cheval Beauté et son ami Robert Clermont.

«Je n'ai pas l'occasion d'aller à la campagne aussi souvent que je le voudrais, mais j'adore me retrouver loin de la ville.
Il y a une lumière différente, et d'autres sources d'inspiration. Cette photo du cheval est un coup de cœur pour la simple
raison qu'on y sent le vent et le mouvement.»

Initiation à la spéléologie à la caverne de Saint-Léonard.

«C'est facile de se laisser attendrir par les enfants, mais c'est plus difficile de faire en sorte qu'ils nous atteignent et nous forcent à nous questionner sur la situation. Quand on y arrive, c'est signe que la photo est bonne.»

PAGE SUIVANTE

Louis Hamelin, écrivain.

«Ceux qui me connaissent bien diraient que je remarque toujours les policiers et que je ne manque jamais de les photographier! C'est peut-être parce que j'ai tellement couvert de manifestations dans ma carrière qu'ils sont devenus incontournables!»

CI-DESSOUS

Manifestation contre le groupe La Meute et l'islamophobie.

«Cette militante pour les droits des Rohingyas en Birmanie était convaincue. Un dimanche après-midi de printemps, elle est sortie avec la fougue de sa jeunesse, pancarte à la main, pour parler d'une cause inconnue dans la plus grande indifférence des passants. Qu'à cela ne tienne, le plus important, c'est qu'elle y croyait, et on le sent.»

Salut les gars,

Quand je vous écoute et vous regarde, je me dis toujours: voilà le Montréal que j'aime; celui qui vibre aux sons des tam-tams et de votre énergie contagieuse. C'est le Montréal aux accents colorés où l'on peut danser le tango, la salsa ou un zouk bien collé, et finir la soirée à partager une poutine, un couscous ou un shish taouk! Sans vous, Montréal ne serait pas cette métropole aussi inspirante et innovatrice, celle où l'on a parfois l'impression que tout est possible si l'on a l'audace d'essayer. Nous pouvons chanter, nous déhancher et nous laisser aller à notre guise sans risquer d'être jugé ou ridiculisé. En partageant votre amour de la musique et votre joie de vivre, vous nous rappelez qu'il fait bon vivre ici.

PAGE SUIVANTE

Un mariage musulman au Zoo de Granby entre deux Québécois d'origines indienne et pakistanaise.

«Je voulais prendre une photo des mariés quand j'ai aperçu au loin la girafe. J'ai attendu de longues minutes afin qu'elle s'approche tranquillement, jusqu'à ce qu'elle soit dans mon champ de vision. Elle est venue si proche qu'elle a même l'air de faire naturellement partie du décor!»

CI-DESSOUS

Philippe Zoghbi, un agriculteur nouvelle génération, adepte du bio.

148

Un petit *selfie* avec Justin Trudeau et Philippe Couillard.

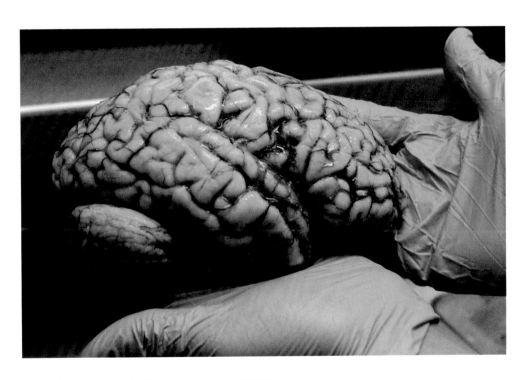

«Je me plais à dire en voyant cette photo que c'est mon *"selfie"*!»

PAGE PRÉCÉDENTE

«J'ai croisé ces religieuses un bon après-midi d'été alors que j'étais en voiture. Je les ai vues passer, je me suis arrêté brusquement, j'ai fait demi-tour et j'ai couru pour les photographier. Elles se baladaient simplement, et on ne peut que sourire en les regardant.»

CI-DESSOUS

«Quand j'ai vu ces jeunes jouer au basketball, je me suis dit qu'ils étaient comme tous les ados, sauf qu'ils jouaient en pantalon long et en souliers. C'est cet aspect qui nous semble le plus étrange.»

« J'ai photographié Denis Coderre des centaines de fois depuis qu'il est maire. Habitué aux médias, il est assez constant et se montre souvent sous son air assuré et confiant. »

PAGE SUIVANTE

Un migrant traversant la frontière américaine.

CI-DESSOUS

Installation du système d'éclairage sur le pont Jacques-Cartier par le studio Moment Factory.

Jolie demoiselle,

Tu n'en étais peut-être pas totalement consciente, mais ce jour-là, plusieurs hommes et femmes autochtones, de diverses communautés, devenaient officiellement policiers. Éloignés de leurs familles depuis plusieurs mois, ils ont entrepris un long parcours parsemé d'embûches, et certains ont même songé à abandonner le programme. Ta maman était l'une de ces nouvelles policières qui auront de lourdes responsabilités. Dans de nombreuses communautés autochtones, les conditions de vie sont difficiles : drogues, alcool, suicide, décrochage... Comme la relation avec les Blancs n'est pas des plus harmonieuses, pour plusieurs raisons historiques, il en faut, des femmes comme elle, et encore plus, dans toutes les communautés des Premières Nations. Ces dernières années, plus d'un millier de femmes autochtones ont disparu ou ont été assassinées au pays. Une enquête a été ouverte pour comprendre ce qui s'est passé et, surtout, pour s'interroger sur les mesures à prendre afin d'assurer ta sécurité et celle de toutes tes petites copines. Tu as le droit de grandir dans un pays où ta vie compte autant que celle des autres.

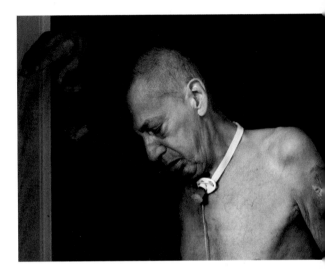

«J'ai le cœur serré chaque fois que je revois cette photo de mon ami Christian. Pendant des semaines, je l'ai accompagné jusqu'à la fin de sa vie. La maladie avait eu raison de son corps, mais pas de son âme. C'est tout ce que je voulais montrer.»

Un passant devant l'œuvre de l'artiste Kevin Ledo en hommage à Leonard Cohen.

«Il y avait une ambiance mythique quand j'ai photographié cette artiste d'origine ukrainienne à Saint-Donat.
Ce qu'il y a de beau dans cette photo, c'est le silence qui s'en dégage.»

«Son regard, à travers sa main recouverte de jolis motifs, a rencontré le mien le temps d'un instant. Il n'en fallait pas plus pour qu'un contact se crée.»

«Le Québec entier est sous le choc après l'attaque à Québec. Les politiciens se recueillent, les citoyennes s'unissent, mais il y a toujours cette peur qui nous habite tous, à savoir ce qui se passera demain... Dans le regard de cette petite fille, il y a toutefois une force qui se démarque, comme si elle nous disait : je suis prête à y faire face.»

Une cérémonie organisée par le curé Claude Paradis pour rendre hommage à une centaine de défunts non réclamés par les familles.

Ma sœur,

Vous voilà rendue au crépuscule de votre vie. Vous laisserez derrière vous un grand héritage qui n'est malheureusement pas reconnu. Il m'arrive parfois de me demander ce que vous avez éprouvé en entendant toutes ces critiques sur l'Église catholique alors que vous y aviez consacré votre vie. Que ressentiez-vous au fond de vous? Que saviez-vous? Lorsque je vous regarde si fragile, je vois que le temps a filé et qu'il est maintenant trop tard... J'aurais pourtant tellement de questions à vous poser, depuis le jour où vous avez choisi d'être religieuse. Avez-vous vraiment ressenti l'appel? Comment vous êtes-vous passée des hommes? Qu'avez-vous appris de la vie? Avez-vous trouvé des réponses à vos questionnements existentiels, qui sont aussi les nôtres? Étiez-vous fondamentalement heureuse? J'espère seulement, ma sœur, que la suite sera douce pour vous, parce qu'ici-bas, j'en suis convaincue, elle ne l'a pas toujours été pour vous comme pour nous.

«Si je voulais avoir les visages de ces travailleurs mexicains, je n'avais pas le choix de leur demander de me regarder. Dans un tel cas, je ne les incite pas pour autant à poser; je les force à être en action, à faire quelque chose, comme lancer leurs choux, pour que ça ait l'air plus naturel.»

PAGE PRÉCÉDENTE

Mbongwana Star au Festival International Nuits d'Afrique de Montréal.

Amis cyclistes,

Montréal est une ville qui est formidable à parcourir sur deux roues. Avec tous les chantiers de construction, c'est d'autant plus pratique de sauter sur nos vélos pour échapper aux bouchons. Néanmoins, je trouve que nous sommes vraiment indisciplinés. Il n'y a pas une journée qui passe sans que je voie l'un d'entre vous passer sur des feux rouges, emprunter une rue en sens inverse, rouler à des vitesses folles, pédaler de soir sans lumière et sans casque. Je vous entends souvent râler contre les automobilistes dangereux et imprudents, mais le changement commence toujours par nous. Si on veut mieux partager la route, on va devoir faire notre bout de chemin.

CI-DESSOUS

Le Tour la Nuit.

PAGE SUIVANTE

Le Festival Venezuela à Montréal.

Le Festival péruvien de Montréal.

«J'ai trouvé cette femme tellement belle avec son chapeau de paille. Avec les visages maquillés et les têtes de mort en arrière, les mélanges sont intéressants. Des fois, on n'arrive pas à expliquer pourquoi une photo nous plaît, mais on sait qu'elle est réussie.»

«Chaque fois que je la vois, cette photo ne me laisse pas indifférent. Cette femme noire, belle et tourmentée, cette foule autour d'elle... On sent que la lutte pour les droits des Noirs a été longue et, malheureusement, elle n'est pas finie...»

«La mosquée venait d'être vandalisée, et pourtant, un musulman était en train de faire sa prière. Je l'ai capté au loin, à travers cette vitre fracassée, pour montrer que ce qui se passe à l'intérieur n'est pas toujours ce que l'on perçoit à l'extérieur.»

«Je couvre depuis des années les manifestations contre la brutalité policière et très souvent, elles dégénèrent. Je sais qu'il y a souvent de la casse, alors il faut malheureusement anticiper le coup et être là quand cela se produit.»

«Chaque fois que je suis appelé à réaliser des reportages sur des personnes handicapées, j'en ressors ébranlé. Elles vivent tellement le moment présent. Ceux et celles qui les soignent et les aident tous les jours ont aussi toute ma gratitude. Ce sont pour moi des êtres humains incroyables. Je me sens le devoir de les montrer dans toute leur beauté.»

Allô mon grand,

J'aimerais tant que tu puisses m'expliquer ce que tu ressens, ce que tu penses et comment tu penses. Ces dernières années, on nous a beaucoup informés sur le spectre de l'autisme; sur ces troubles neurodéveloppementaux qui font que ta communication et ton interaction sociale ne sont pas tout à fait comme celles qu'on utilise dans notre quotidien. Je suis convaincue que ce n'est pas toujours évident pour toi, mais il en va de même pour tous ceux qui t'entourent. Ils doivent apprendre à te connaître, et toi, à les connaître. Et tu sais quoi? Ton trouble autistique fait peut-être en sorte que tu ne parles pas autant que nous, mais rassure-toi, je ne suis pas certaine que nous soyons plus aptes à le faire. À voir ce qui se passe sur la planète, nous avons encore bien des problèmes de communication, parce que nous sommes tous différents.

Journée mondiale des réfugiés le 20 juin.

« Le petit garçon et sa mère m'ont d'emblée attiré, mais lorsqu'on prend le temps de regarder tous ceux qui les entourent, la composition de cette photo donne vraiment un autre aperçu de la vie des réfugiés. »

PAGE PRÉCÉDENTE

Marche lors du Festival Haïti en folie.

PAGE PRÉCÉDENTE

Installation d'un vélo fantôme à la mémoire de Meryem Ânoum.

«Une mère dans la quarantaine a été tuée en vélo au début de l'été à Montréal. J'ai été touché en voyant toute sa famille réunie lors de l'inauguration d'un vélo fantôme.»

CI-DESSOUS

«Bernard Landry sera patriote jusqu'au bout, à voir son sourire. La simple vue des drapeaux du Québec qui flottaient le rendait heureux, même si la cause pour laquelle il a milité toute sa vie n'est pas au goût du jour.»

PAGE PRÉCÉDENTE

Cérémonie dans un temple hindou
dans l'ouest de Montréal.

CI-DESSOUS

Une Innue de Montréal.

«Le calme règne dans cette photo d'un homme pagayant doucement sur le fleuve.
Avec la vue de Montréal en arrière-plan, on dirait une image hors du temps.»

Madame Dufresne,

Chaque fois que j'entends votre voix unique entonner *L'hymne à la beauté du monde*, vous réussissez à me faire vibrer. Je voudrais que votre prose soit écoutée dans tous les recoins du monde. Vous ne pouviez pas mieux dire quand vous chantez que «la dernière chance de la terre, c'est maintenant qu'elle se joue». Madame Dufresne, chantez cet hymne encore et encore. On a besoin d'artistes comme vous pour crier les vérités. On a besoin de femmes comme vous pour défier les codes. On a besoin de vous pour nous rappeler que «chaque fleur, chaque arbre que l'on tue, revient nous tuer à son tour». On a besoin d'entendre ces mots et de vous entendre.

Retrouvailles de Jean Chrétien et de Bill Clinton, en octobre à Montréal, tous deux ayant présidé à l'entrée en vigueur de l'Accord de libre-échange nord-américain (ALENA) en 1994.

PAGE SUIVANTE

Joannie reçoit l'aide de la physiothérapeute Suzanne à l'école Joseph Charbonneau.

Canada

PAGE PRÉCÉDENTE

Des réfugiés en provenance du poste frontalier
de Saint-Bernard-de-Lacolle.

CI-DESSOUS

« À force de photographier les sans-abri au fil des années,
j'ai assisté à des scènes qui arrachent le cœur. J'ai vu la détresse
et la misère, mais aussi l'entraide et la solidarité. J'essaie
de montrer les deux côtés de la médaille. »

À toi dans le besoin,
Le temps des fêtes arrive à grands pas et nous
revoilà. Pendant un mois, on va t'offrir du café,
on préparera des paniers, on organisera des
guignolées et puis on oubliera que ta faim ne
se manifeste pas qu'une fois par année. Que
peut-on faire pour réellement t'aider? Dis-nous
ce qui t'aiderait, ça nous aiderait à mieux nous
entraider tout au long de l'année.

PAGE SUIVANTE

Hommes sous l'une des tentes installées pour
accueillir les réfugiés au poste frontalier.

Manifestante pro-vie devant une marche pro-choix.

La messe patrimoniale organisée à la basilique Notre-Dame pour le coup d'envoi des festivités du 375ᵉ de Montréal.

Ma petite Inuite,

Je vous donne ce nom, qui se veut gentil, depuis fort longtemps. À une certaine époque, on se voyait souvent. Vous me demandiez des cigarettes ou un peu de monnaie avec un grand sourire. Je vous ai par contre souvent vue dans un état lamentable, bien ivre sur le trottoir, ou encore en train de frapper à coups de pied votre ami. Chaque fois, j'en éprouvais un pincement de cœur, mais une fois la chicane passée, je vous trouvais beaux, vous et votre copain, quand vous partagiez votre grosse bouteille de bière chaude. Vous divisiez tout ce que les passants vous donnaient. Même à des kilomètres du Grand Nord canadien, vous étiez solidaires, et je voyais bien que vous aviez gardé une part de votre culture. Depuis quelque temps, je me demandais où ma petite Inuite était passée. Je n'étais plus sûre que vous étiez encore de ce monde, avec la vie si dure que vous meniez depuis des années. Vous voir avec une jambe amputée m'a donné tout un coup, mais vous aviez encore ce sourire inlassable. Comment faites-vous?

Martha Wainwright.

«Le moment était unique. Trois grands orchestres ont accordé leurs violons pour jouer au pied du mont Royal afin de souligner le 375e anniversaire de Montréal. Le moment était magique, il ne restait qu'à saisir les artistes dans leur entièreté et leur intensité.»

«Je les trouvais si belles, ces jeunes femmes en train de se préparer avant le défilé de la Saint-Jean.
C'est une sorte d'hommage à la féminité et au Québec.»

PAGE PRÉCÉDENTE

La chanteuse Cœur de pirate lors du concert *Montréal symphonique* à Montréal.

Ma chère enfant,

Nous vivons dans un monde trop souvent déjanté. Après la fusillade dans une mosquée de Québec en janvier, tes parents t'ont amenée à la marche silencieuse à la mémoire des victimes. Des actes aussi insensés se sont malheureusement produits dans plusieurs pays au cours de l'année. Le terrorisme et la violence se propagent partout comme une gangrène. À chaque fois, on pleure des victimes par dizaines. On tente d'expliquer l'inexplicable, mais on refuse de remonter aux racines du mal. La pauvreté, l'injustice, la discrimination, la solitude sont source de souffrance, de colère et de haine. Il va falloir revoir notre relation à l'autre, et recommencer à se soucier de l'autre si on veut que cette barbarie cesse. Je ne vois pas d'autres solutions. C'est immense, mais j'y crois.

Manifestation à Montréal à la suite de l'attentat de Québec.

«Je vis depuis des années dans le quartier Outremont à Montréal, en plein cœur de la communauté juive hassidique. J'ai souvent été en contact avec elle, mais elle continue de me fasciner et me force à me dépasser, parce qu'il n'est pas évident de photographier ces hommes qui refusent de nous regarder. J'arrive toujours à les capter à l'arraché.»

Quelques survivants de conflits du siècle dernier, réunis le temps d'une photo.
Première rangée de gauche à droite: Alain Stanké (survivant de la Seconde Guerre mondiale), Marie-Josée Gicali (du Rwanda), Angela Orosz (du camp d'Auschwitz), Carmen Quintana (du régime de Pinochet). Deuxième rangée, de gauche à droite: Doan-Trang Phan (du Vietnam), Alusine Bah (de la Sierra Leone), Abdhul Hadi Qaderi (de l'Afghanistan).

Mon cher Tiken Jah Fakoly,

Chaque fois que tu viens donner un spectacle à Montréal, tu nous fais oublier nos tracas. Sur de la musique reggae, tu nous chantes ton Afrique, celle qui se bat contre la pauvreté, la corruption, la dictature, mais aussi celle qui résiste, qui se mobilise, qui s'entraide et se soutient. Tu nous fais réfléchir sur le rôle des pays occidentaux et nos torts historiques. Tu n'es jamais fataliste, sans pour autant être nihiliste. Tu répètes à ceux qui veulent l'entendre, et même à ceux qui ne le veulent pas, que l'avenir est en Afrique et que tout y est pour prospérer. On a peine à y croire quand on voit tous ces jeunes fuir leur pays dans des embarcations de fortune, mais tu nous rappelles que les grands combats contre l'esclavage ou la colonisation se sont menés sur des décennies, voire des siècles. Reviens faire ton tour au Québec aussi souvent que tu veux. On a besoin de tes mots; en plus, tu joins l'utile à l'agréable!

Manifestation à Montréal à la suite de l'attentat de Québec.

Gilles Bertrand et son authentique Pollock.

L'œuvre *Dendrites* de l'artiste Michel De Broin.

PAGE SUIVANTE

Philippe et Ethné de Vienne.

CI-DESSOUS

«Parmi tous les gens que je croise, que je rencontre ou que je photographie, j'ai toujours aimé ceux qui sont colorés, différents, et bons vivants. Ce sont eux qui m'ont permis de mener cette longue carrière, parce qu'ils me font toujours voir la vie autrement.»

Chères Françoise et Manon,
La route que vous avez chacune choisie n'a jamais été la plus facile. Vous avez mené de durs combats pour les droits des femmes, des homosexuels, des filles-mères, des personnes âgées, des démunis ou des laissés-pour-compte. Je vous ai vues œuvrer dans l'ombre avec courage et détermination. Il fallait voir le sourire de tous ces gens à qui vous accordiez quelques minutes de votre temps pour les écouter, mais le plus souvent pour les rassurer. Qu'on soit d'accord ou pas avec les politiques que vous avez défendues au sein de Québec solidaire, on ne peut que respecter votre dévouement pour les grandes causes sociales. Votre voix n'a pas toujours été entendue à sa juste valeur, mais elle était nécessaire et l'est toujours autant. Vous avez raison sur un point: tous les êtres humains, peu importe leurs différences, peuvent contribuer à enrichir notre société.

PAGE PRÉCÉDENTE
La militante iranienne Roghayeh Azizi Mirmahaleh vient d'apprendre qu'elle pourra demeurer au Canada.

Manifestation féministe contre l'arrivée au pouvoir de Donald Trump.

Manifestation pour dénoncer la culture du viol.

«Les femmes ont investi la rue au cours de la dernière année. La nouvelle génération de féministes est déterminée, brillante, et elle ne se laisse pas marcher sur les pieds. J'aime voir le chemin parcouru depuis nos mères...»

«La Charte de la langue française a eu 40 ans cette année. Si certains l'ont célébrée, d'autres l'ont vivement critiquée. Cette langue devrait pourtant nous unir…»

PAGE PRÉCÉDENTE

Une Montréalaise d'origine catalane affiche ses couleurs pour l'indépendance du territoire.

À toi vaillant travailleur,
À voir ta récolte, tu t'es beaucoup démené ces derniers temps. À coup de cinq cents la canette, tu feras sûrement quelques dollars. Je ne sais pas à quoi ils serviront, peut-être à arrondir ta fin de mois, mais sache que tu as toute mon admiration avec le cœur au ventre que tu as.

Chère productrice agricole,
À vous voir sourire, entourée de vos animaux, on a l'impression que vous l'avez trouvé, le bonheur, sur votre ferme. S'occuper d'un troupeau de vaches laitières n'est pourtant pas une mince tâche. On est nombreux à ne pas vouloir se retrouver à votre place pour soigner les animaux, fournir les quotas demandés, réparer la machinerie, semer des céréales au printemps, préparer les fourrages pour l'hiver... À l'heure de la folie des émissions culinaires, ne vous arrive-t-il pas d'espérer que la valeur de votre travail soit mieux reconnue? Quand je vois tous ces nouveaux épicuriens s'épivarder devant leurs plats, je souhaiterais tellement qu'ils prennent davantage conscience que leur plaisir est le fruit de votre labeur.

Pow-wow à Kahnawake.

Conférence d'ouverture de Fierté Montréal 2017.

«Mado bien concentrée pendant que le premier ministre Couillard parle... C'est une photo qui sort des clichés habituels, et ça fait du bien de voir cette *drag queen* sous un autre angle et à côté des gardes de sécurité!»

Des enfants de milieux défavorisés qui reçoivent des cours de musique à l'école Saint-Rémi. Une initiative de l'OSM.

PAGE PRÉCÉDENTE

Un passant devant une œuvre, rue Saint-Laurent, à la veille du festival Mural.

« Il y a de nombreuses murales à Montréal, mais c'est vraiment rare que je m'arrête pour les photographier. Je préfère toujours les êtres vivants aux représentations. Celle-ci m'a interpellé parce que j'avais l'impression que le petit garçon me regardait tellement il avait l'air vrai. Avec le passant, on saisit bien le contraste. Du grand art. »

Bonjour M. Deschamps,

Si c'était possible, j'inscrirais votre rire au patrimoine culturel du Québec. Il a marqué nos esprits à force de l'entendre depuis des décennies dans vos histoires et vos monologues. Il est entré dans nos maisons sans jamais en ressortir parce qu'il a su rallier plus d'une génération. Votre humour nous a tous touchés parce que vous nous avez appris à rire de nos travers, de nos habitudes et de nous. Une chance parce que dans l'histoire moderne, les Québécois auraient eu de quoi pleurer, mais valait mieux en rire.

PAGE SUIVANTE

Yvon Deschamps devant l'œuvre de l'artiste Laurent Gascon.

Les enfants d'une école juive à Outremont.

Ma mignonne,

Tu es vraiment craquante avec tes grands yeux pétillants et ton fleurdelisé. J'espère que tu aimeras ce Québec autant que je l'aime, que tu apprendras son histoire, découvriras ses artistes, protégeras sa langue, t'émerveilleras devant sa nature et y trouveras ta voie. Toi et tes copains avez beaucoup à faire pour préserver notre culture; ce qui ne t'empêchera pas d'apporter ta contribution. En te regardant agiter ce petit drapeau, tu me donnes espoir et j'espère que tu seras toujours aussi fière d'être québécoise.

Manifestation féministe contre l'arrivée au pouvoir de Donald Trump.

PAGE PRÉCÉDENTE
Lucia Kowaluk, grande protectrice des jardins. On la voit ici dans le jardin Notman.

«Il y a des bouilles qui se démarquent plus que d'autres. Qu'on le veuille ou non, cet homme est marquant, d'autant plus qu'il apparaît dans une manifestation pour valoriser les droits des Noirs. Pour un photographe, il est impossible de l'ignorer.»

PAGE SUIVANTE

«Barack Obama a été photographié sous mille et un angles ces dernières années. Comment se démarquer lorsqu'on est appelé à capter le portrait de l'un des hommes les plus connus de la planète? Lors de son passage à Montréal, le 6 juin, je n'ai pas cherché à le réinventer. J'ai seulement saisi une émotion qui était vraie. Elle ne dure parfois qu'une fraction de seconde, mais il ne faut pas la manquer.»

Achevé d'imprimer en novembre 2017
sur les presses de l'imprimerie Transcontinental